COUP D'OEIL

SUR L'HISTOIRE

DE LA PERSE

PAR

JAMES DARMESTETER

Professeur au Collège de France.

PARIS

ERNEST LEROUX, ÉDITEUR

28, RUE BONAPARTE, 28

BIBLIOTHÈQUE ORIENTALE ELZÉVIRIENNE

XLIV

COUP D'ŒIL

SUR

L'HISTOIRE DE LA PERSE

ANGERS, IMPRIMERIE BURDIN ET Cie, RUE GARNIER, 4.

COUP D'OEIL

SUR L'HISTOIRE

DE LA PERSE

LEÇON D'OUVERTURE
DU COURS DE LANGUES ET LITTÉRATURES DE LA PERSE
FAITE AU COLLÈGE DE FRANCE LE 16 AVRIL 1885

PAR

JAMES DARMESTETER

Professeur au Collège de France.

PARIS

ERNEST LEROUX, ÉDITEUR

28, RUE BONAPARTE, 28

A Monsieur

BARBIER DE MEYNARD

HOMMAGE DE L'AUTEUR

COUP D'ŒIL

SUR

L'HISTOIRE DE LA PERSE

MESSIEURS,

Le premier sentiment qui pénètre tout nouveau venu dans cette enceinte, illustrée depuis quatre siècles par les plus grands noms de la science française, c'est le sentiment de la responsabilité que lui imposent envers le Collège les traditions, du passé et les exemples du présent. En prenant possession de cette chaire, où m'ont appelé une confiance et des sympathies précieuses, ce sentiment s'impose à moi d'une façon plus pressante par le mandat difficile qui m'a été confié, de renouveler en partie un programme d'enseignement déjà presque séculaire et consacré par une succession de maîtres dont la liste s'ouvre avec le nom de Silvestre de Sacy (1). Permettez-moi de vous rappeler en quelques mots les raisons et le sens de ce changement.

Il y a quelques mois une circonstance douloureuse rendait vacante la chaire d'arabe, si brillamment occupée par un jeune maître dont l'orientalisme français était fier et dont je m'honore d'avoir été le disciple et l'ami. La voix unanime du Collège de France et de l'opinion scientifique appela, pour remplir le vide créé par ce

1. La chaire de langue persane date d'un décret du 23 brumaire an XIV (3 septembre 1805), signé par Napoléon du quartier général de Saint-Polten et qui divise en deux la chaire de langues persane et turque. M. Silvestre de Sacy fut présenté par le Collège le 24 février 1806. Ses successeurs furent le chevalier Amédée Jaubert (ordonnance royale du 11 mars 1838), M. Mohl (ordonnance du 11 mars 1847), M. Barbier de Meynard (décret présidentiel du 25 juin 1876).

coup cruel, le savant qui avait été le maître même de Stanislas Guyard, et qui a
embrassé avec une compétence et une
sûreté égales le triple domaine de l'Orient
musulman. M. Barbier de Meynard con-
sentit à rendre ce service à la science et
à se rappeler que c'est à lui que l'histoire
arabe doit un de ses plus précieux instru-
ments d'études et que l'élégant traducteur
de Saadi et du *Boustan* était aussi l'éditeur
de Masoudi et des *Prairies d'or*. Mais, en
quittant cette chaire où il était, depuis près
de dix ans déjà, le brillant et ingénieux
interprète de la littérature persane, M. Barbier de Meynard a cru rendre un nouveau
service aux études qui lui sont chères en
en élargissant le domaine dans l'enseignement. D'accord avec notre illustre administrateur, dont le libéral esprit, aussi large
que la science elle-même, sait la suivre ou
la précéder dans ses évolutions, il a pensé,
et il a fait partager cette conviction à ses
collègues, que le titre de chaire de langue
persane ne répondait pas suffisamment aux
exigences de l'heure présente. La littéra-

ture persane proprement dite, c'est-à-dire
la littérature de la Perse musulmane, si
vaste qu'elle soit, n'est qu'une période dans
le long développement de la pensée iranienne; et c'est une période où l'élément
national, fortement imprégné de l'esprit
étranger, ne paraît plus dans sa pureté
native. La période vraiment nationale s'é-
tend par delà la conquête arabe jusqu'aux
origines; or, cette vaste période, longtemps négligée faute de documents suffi-
sants, la science de ce siècle a pu en res-
tituer les grandes lignes, grâce à une succession de conquêtes inattendues qui nous
ont rendu quinze siècles d'histoire. La
plupart de ces conquêtes sont un patrimoine
français; car les trois découvertes capitales
qui ont renouvelé l'histoire de la Perse
ancienne, — la découverte du *Zend Avesta*,
le déchiffrement des inscriptions pehlvies,
le déchiffrement du perse et du zend, —
sont dues, l'une à l'héroïsme d'Anquetil, les
deux autres au génie de Sylvestre de Sacy
et d'Eugène Burnouf. C'est pour toutes
ces raisons que le Collège de France a déci-

dé, sur la proposition de M. Barbier de Meynard, que la Perse tout entière serait ouverte à l'enseignement.

Il ne s'agit point d'exclure la Perse moderne, mais de la rattacher à la Perse ancienne, dont elle vient; car, si l'invasion de l'Islam a profondément modifié les formes extérieures de la pensée iranienne, elle n'a pourtant ni transformé l'intérieur, ni rompu le lien de continuité entre son passé et son présent, qui sortent l'un de l'autre, s'expliquent et s'éclairent l'un par l'autre. Qu'il s'agisse de la langue, de la religion, de la littérature, de l'histoire même, vous rencontrez à chaque pas dans la période moderne des faits dont l'origine remonte aux premiers temps de la Perse et qui, par suite, ne prennent leur sens réel qu'à la lumière des documents antiques; et, inversement, ces documents eux-mêmes, trop peu nombreux pour former un ensemble cohérent et porter en eux-mêmes tous les éléments de leur interprétation, restent dans bien des cas des énigmes insolubles tant que l'on n'en cherche point la clef dans les formes plus jeunes, mais encore fidèles de la pensée ancienne. Sans avoir, pour ma part, ni l'ambition ni la prétention de remplir jamais dans toute son étendue le programme entier de cette chaire, je vous demanderai pour aujourd'hui la permission d'en tracer rapidement les grandes lignes, ou, ce qui revient au même, de tracer les contours généraux de la civilisation persane dans son développement historique depuis les origines jusqu'à nos jours.

I

Vous savez que l'histoire de la Perse se
divise en deux grandes périodes: la première va des origines à la conquête arabe,
et la seconde de la conquête arabe à nos
jours.

La seconde période s'ouvre à la bataille
de Néhavend, qui sonne l'heure définitive
de la ruine nationale, en l'an 640 de notre
ère; la première, à l'avènement de Cyrus,
qui ouvre l'époque vraiment historique,
vers l'an 560 avant notre ère; chacune de
ces deux périodes couvre environ un es-
pace de douze siècles.

Dans les siècles qui précèdent l'appa-
rition de Cyrus, le plateau de l'Iran, c'est-
à-dire cette immense plate-forme qui s'é-
lève entre le Tigre et l'Indus d'une part,
la mer des Indes et la Caspienne de l'autre,

était peuplé ou dominé par des tribus d'origine aryenne et proches parentes des Indous. Il s'était formé dans ce vaste domaine deux centres principaux : l'un au nord, dans la Médie; l'autre au sud-est, dans la Perse proprement dite. Ces deux peuples, les Mèdes et les Perses, enfants d'une même famille, différaient cependant assez de langue, de civilisation et de religion, pour former deux nationalités différentes. Les Mèdes étaient plus avancés; longtemps soumis aux Assyriens, ils s'étaient formés à l'école de ces rudes éducateurs et, après les avoir renversés, leur avaient succédé dans l'hégémonie de l'Asie occidentale et centrale et avaient étendu leur domination sur les Perses eux-mêmes. Le développement inégal de la civilisation chez les deux peuples amena à sa suite un développement inégal des idées religieuses. La religion primitive de l'Iran, conservée par la Perse, était un polythéisme très analogue à celui des autres peuples aryens et plus particulièrement à celui de leurs voisins de l'Inde, tel que nous le retrouvons dans le *Rig Véda*. Mais en Médie ce fonds primitif, élaboré par des écoles sacerdotales, celles des Mages, qui développent et poussent à l'extrême les éléments dualistes contenus dans les vieux mythes qui mettent en lutte dieux et démons, aboutit à un dualisme en règle que l'on appelle mazdéisme, du nom de son Dieu suprême, Ahura Mazda, ou zoroastrisme, du nom de son fondateur légendaire, Zoroastre.

L'hégémonie de la Médie, fondée vers l'an 650 avant le Christ par Phraorte, passe sous son second successeur, Astyage, des Aryens du nord aux Aryens du sud, des Mèdes aux Perses. C'est à ce moment que la Perse entre en plein dans l'histoire; dès ce moment, devenue par la conquête de la Lydie et des Grecs d'Ionie riveraine de la Méditerranée et voisine de l'Europe, elle ne cesse d'être avec elle en rapport de guerre, de commerce, de civilisation, et son histoire extérieure est un dialogue continu entre elle et notre Occident. Ce dialogue va durer douze siècles, depuis l'avènement de Cyrus jusqu'au moment où un nouvel interlocuteur, l'Islam, vient séparer les deux rivaux séculaires et rejeter la Perse vers l'Orient.

Cette première période se divise en trois périodes secondaires, d'après les trois grandes dynasties qui se sont succédées sur le trône de l'Iran, les Achéménides, les Arsacides, les Sassanides. La première période est remplie par la lutte de la Perse avec la Grèce ; la seconde, par sa lutte avec Rome ; la troisième, par sa lutte avec Byzance.

La première dynastie, celle des Achéménides, fondée par Cyrus vers 560, succombe avec le dernier Darius dans les plaines d'Arbèles, deux cent trente ans plus tard, en 331. C'est l'époque de la plus grande expansion de la Perse. Déjà sous Cyrus, par la conquête de la Médie, de la Babylonie et de la Lydie, Pasargade a hérité d'Ecbatane, de Babylone et de Sardes ; sous Cambyse (529-522), la Perse succède aux Pharaons dans la vallée du Nil ; sous Darius, elle s'étend à l'Orient jusqu'à l'Indus ; à l'Occident, elle s'élance, par-dessus la mer, sur la Grèce et l'Europe : elle se heurte et se brise contre la proue des galères athéniennes et rentre dans ses limites asiatiques. Là elle organise, sous la main d'un administrateur de génie, Darius, fils d'Hystaspe (521-485), le plus vaste empire qui eût jamais paru encore en Asie et elle le fait durer pendant deux siècles, période immense si l'on songe à la diversité des éléments de race, de religion et de langue qu'avaient à manier et à contenir les trente satrapes, envoyés des rives de l'Indus jusqu'à Chypre, de Memphis en Bactriane, de Susiane en Arménie.

La civilisation de cette période ne nous est connue que par les témoignages étrangers ou de trop rares débris nationaux. Les récits des Grecs, historiens et poètes, confirmés par les inscriptions historiques gravées sur le roc par les rois achéménides, nous font connaître un despotisme solennel, reposant tout entier sur le culte inviolable de la personne royale, divinité descendue sur la terre; conception commune à tous les anciens Aryens, atténuée et effacée en Grèce par le sentiment croissant de la dignité individuelle, mais qui, en Perse, devient le seul principe de l'État, principe de vie et principe de mort; principe de vie, car c'est le seul par lequel l'État perse dure et subsiste, et il inspire à l'occasion des héroïsmes et des dévouements égaux à ceux de la liberté grecque; principe de mort, car il dégrade l'individu et l'annihile et, une fois ébranlé, tout croule avec lui. Les ruines de Persépolis nous font connaître un art composite, né de la fantaisie royale, qui a ramassé en une unité artificielle et puissante, comme son empire même, toutes les formes artistiques qui l'ont frappée dans ses provinces d'Assyrie, d'Égypte et de Grèce asiatique: c'est le caprice d'un dilettante tout-puissant et qui a le goût du gran-

diose (1). En religion, on entrevoit l'infil-
tration du dualisme médique, apporté par
les mages qui essayent de rétablir par l'ascendant du culte et le monopole des cérémonies religieuses l'hégémonie de leur
race perdue en politique. Introduits en
Perse par Cyrus et par la défaite même
de leur patrie, ils saisissent un instant le
pouvoir sous Cambyse, et, refoulés par
Darius, ils reprennent sous ses successeurs leur lente et sûre invasion, favorisée
par le double prestige du culte et de la
doctrine. A l'extérieur, la lutte de l'Asie et
de l'Europe aboutit à la dissolution de l'État
iranien, et dans ses débris les lieutenants
d'Alexandre se taillent des empires.

C'est cette lutte du génie hellénique et
du génie oriental qui fait l'intérêt prin-
cipal de l'histoire extérieure de la Perse
achéménide. Un des historiens de la
Perse ancienne, esprit fin et délicat et l'un
des hommes qui ont le mieux compris la

1. Voy. sur cet art les recherches si originales
de M. Dieulafoy. (*L'Art antique de la Perse*.
Paris, 1884-1885.)

Perse moderne, M. de Gobineau, a exprimé le regret que la Grèce ait triomphé à Marathon et il croit que l'esprit humain et la civilisation auraient peu perdu au triomphe de Xerxès et de l'Orient (1). Il est difficile de voir là autre chose qu'un spirituel paradoxe et une protestation ingénieuse contre le dénigrement systématique de l'Orient. Quelles que soient les ombres et les misères réelles de la civilisation grecque, si fort qu'il y ait à rabattre de la grandeur idéale que le génie de ses artistes a projetée sur son histoire, refaite à coup de poésie, Marathon, Salamine et Platées n'en sont pas moins des victoires, non de la Grèce, mais de l'humanité : c'est le triomphe d'un idéal plus haut, d'une pensée plus féconde et plus noble, et, à vingt-cinq siècles de la victoire de Miltiade, l'Europe et l'humanité en sont plus grandes aujourd'hui encore. Avec toutes ses injustices et ses ignorances, le mépris du Grec pour le Perse,

1. *Histoire des Perses*, II.

né pour l'esclavage, a été l'une des forces les plus puissantes du progrès humain. L'on ne peut regretter qu'une chose : c'est que dans sa guerre de revanche la Grèce n'ait pas assez vaincu ; c'est que sa victoire sur la Perse n'ait été qu'une victoire matérielle et dont elle a souffert elle-même plus que la victime. Alexandre rêvait de fondre l'Occident et l'Orient : il n'a réussi qu'à moitié ; il a persisé la Grèce, il n'a pas hellénisé la Perse. Le courant oriental, qui, déjà dans le grand siècle, en pleine guerre médique, minait l'esprit hellénique, et ébranlait sans peine la vertu fragile des Pausanias, à présent déborde la Grèce et l'inonde. La Grèce macédonienne n'avait guère à prendre à la Perse que l'apothéose du despotisme et de la force, le mépris de l'individu et des superstitions plus vastes : elle le fit. La Perse, de son côté, ne pouvait emprunter à la Grèce, triomphante et dégénérée, de bien hautes leçons, ni de nature à relever les intelligences ou les caractères. Alexandre put bien semer sur son passage quelque dizaine de villes à son nom ; il ne pouvait déposer le levain de la vieille liberté hellénique, qui était morte.

Après les longues funérailles d'Alexandre l'unité de l'empire iranien est rétablie un instant par le génie du premier Séleucus ; mais elle s'effondre bien vite sous ses faibles successeurs : vers l'an 250, les Parthes, tribu aryenne de l'ouest de la Caspienne, parente des Perses et des Mèdes, mais jusqu'alors sans histoire, secouent le joug grec ; leurs rois, Arsace et ses successeurs, reconquièrent peu à peu tout l'Iran et s'installent sur le Tigre, à Ktésiphon, en face de la capitale grecque de Séleucie.

La révolte des Parthes n'est dirigée que contre la domination, non contre la civilisation grecque. Les princes de la famille d'Arsace semblent avoir été les disciples des Séleucides. Leurs médailles sont frappées sur le type, dans la langue et avec les emblèmes helléniques, et ils s'y font gloire du titre de *philhellène*, ami des Grecs. Le théâtre d'Athènes charme les loisirs des Arsacides et le roi Hyrodès regardait jouer la *Bacchante* d'Euripide et le meurtre de Penthée quand l'acteur qui jouait Agavé vint jeter devant lui sur la scène la tête sanglante de Crassus (1). Cet hellénisme dut sans doute être superficiel et à fleur de terre, mode de cour et d'aristocratie, sans racine dans le cœur de la nation, et qui n'a point laissé son empreinte sur la civilisation iranienne. La Perse resta passive et réfractaire. De tout ce passage triomphal de la Grèce à travers l'Asie, elle ne retint qu'un nom : le nom d'Alexandre, nom sonore et vide, dont elle ne rapprendra l'histoire que dix siècles plus tard, quand elle adoptera les légendes grecques du pseudo-Callisthène et insérera dans ses annales fictives les contes de fées rassemblés par les conteurs

1. Plutarque, *Crassus.*

alexandrins autour de la grande figure macédonienne.

Mais, si l'influence grecque sous les Arsacides n'a pas été assez vivace pour renouveler le génie iranien, elle a été assez puissante pour en arrêter le développement original. Ce n'est point la seule faute du temps et le malheur du hasard qu'il ne soit rien venu jusqu'à nous d'une littérature originale arsacide : nous savons par les Persans du moyen âge eux-mêmes que les quatre siècles qui vont d'Alexandre à la chute des Arsacides sont un vide littéraire (1). Les Parthes, venus des confins de la Caspienne, voisins des tribus touraniennes qui leur fournissent le gros de leurs armées, transportent dans le monde iranien les mœurs et les instincts du désert. Ils n'ont point su relever la machine administrative de Darius, et à la grande unité centralisée des Achéménides ont substitué la féodalité militaire. Cependant la lutte entre l'Asie et l'Europe continue sous les

1. Mudjmil-ut-Tevarikh.

Parthes : Rome a remplacé la Grèce ; Crassus, Corbulon, Trajan, Alexandre Sévère ont remplacé Cimon, Agésilas, Alexandre de Macédoine ; duel monotone et sans issue, où l'Europe rencontre, non plus les lourdes et innombrables armées conduites à la bataille à coups de cravache, mais la cavalerie légère du désert, prompte à l'attaque, insaisissable dans la fuite. La discipline romaine et la solidité du légionnaire plieront plus d'une fois devant les charges brillantes ou devant la flèche fugitive du Parthe. Aussi les Parthes ont-ils laissé un plus long souvenir dans la mémoire de Rome que dans celle de la Perse. Tandis que l'orgueil de Rome reconnaît en eux des égaux, parfois des vainqueurs, et les admet au partage du monde (1), la Perse, dans son *Livre des Rois*, fera tenir leurs quatre siècles en quarante lignes ; elle

1. Justin XLI, 1 : *Parthi, penes quos, velut divisione orbis cum Romanis facta, nunc Orientis imperium est... A Romanis quoque, trinis bellis, per maximos duces, florentissimis temporibus lacessiti, soli ex omnibus gentibus non pares solum, verum etiam victores fuere.*

ne connaît d'eux que quelques noms vagues et flottants : l'histoire est vide et, selon la parole de son poète, « le trône d'ivoire n'a plus appartenu à personne, » et des siècles se sont passés « pendant lesquels on dirait qu'il n'y avait pas de roi sur la terre (1). »

Cet oubli profond prouve à quel point les Parthes étaient restés des étrangers dans l'Iran : aussi la chute de ces guerriers, moitié Touraniens, moitié Grecs, est saluée comme la renaissance de la Perse. C'est la province qui avait déjà donné à l'Iran Cyrus et les Achéménides, c'est-à-dire la Perse proprement dite, qui reprend l'hégémonie, avec une dynastie locale, restée à peu près indépendante sous la suzeraineté parthe : la dynastie de Sassan. La nouvelle dynastie, pour renouer la tradition, se rattache par une généalogie fictive au dernier des Achéménides.

1. Firdousi, *Livre des Rois*, tr. Mohl, édit. in-12, V. 216.

La révolution sassanide est un point tournant dans l'histoire de la Perse. Cette révolution n'est point seulement dynastique, mais nationale et religieuse. Le fondateur de la dynastie, Ardechir, fait ou refait la nationalité iranienne, avant tout au moyen de la religion. Nous avons déjà dit comment, du temps même des Achéménides, la religion dualiste de la Médie et des mages s'était infiltrée dans la Perse et commençait à absorber le polythéisme aryen dont elle-même était sortie. Il est difficile, dans le silence de l'histoire, de suivre ce travail sourd de propagande à travers l'époque arsacide : l'on sait pourtant qu'il ne s'arrêta pas, que les prêtres mèdes restèrent en possession morale du monopole religieux, qu'ils se répandaient avec leur culte à travers toutes les provinces iraniennes et même au delà (1);

1. Strabon.

un moment vint où les Arsacides eux-
mêmes s'inquiétèrent et songèrent à acca-
parer à leur profit cette force dont ils com-
mençaient à apprécier toute l'énergie et le
prestige ; l'un des derniers d'entre eux,
Vologèse, essaya de réunir les fragments
des textes sacrés et de codifier la littérature religieuse de l'Iran (1). Il était trop
tard : les princes philhellènes n'étaient
point dignes de mener à bonne fin l'œuvre
sainte ni d'en recueillir le profit.

Le magisme avait trouvé un asile et
une forteresse dans cette province de Perse
où autrefois il n'était qu'un hôte redouté
et suspect : les vieilles rivalités de Mèdes
et de Perses avaient eu le temps de s'éteindre
sous la longue et commune oppression de
l'étranger ; dans ce milieu sans cohésion
le magisme était la seule force morale
organisée autour de laquelle pût se refaire
une nationalité : les rois locaux de la
Perse s'en firent les champions. Ardechir
est un mage couronné ; en abdiquant pour

1. James Darmesteter, *The Vendidad translated*.
Introduction, III.

son fils Sapor, il lui dit : « Sachez, ô
mon fils, que la religion et la royauté sont
deux sœurs qui ne peuvent exister l'une
sans l'autre, car la religion est la base de
la royauté, et la royauté est la protectrice
de la religion (1). » Sous son second
successeur, Sapor II, est promulguée l'é-
dition officielle des textes sacrés, le *Zend
Avesta :* c'est précisément l'époque où en
Occident le christianisme monte sur le
trône avec Constantin et élabore à Nicée
son crédo définitif.

La période sassanide est pour l'histoire
la plus importante des périodes anciennes,
parce que c'est la mieux éclairée et, par la
masse des documents, littérature pehlvie,
inscriptions, médailles, sceaux, témoi-
gnage des historiens byzantins, arméniens,
arabes, persans, elle projette ses lumières
sur le passé obscur qui précède et les
siècles confus qui suivent. Cette période
n'est point importante pour l'histoire de

---

1. Maçoudi, *les Prairies d'or*, trad. Barbier de
Meynard, II, 162. — Cf. Mirkhond, *Histoire des
Sassanides*, trad. Silvestre de Sacy, page 42.

la Perse seule, mais pour celle du monde.
Jamais le rêve d'Alexandre ne fut plus
près de se réaliser : jamais la pénétration
morale de l'Orient et de l'Occident ne fut
plus complète, et c'est la Perse qui fut le
centre où tout aboutissait et d'où tout
partait. D'une part, elle envoie le mani-
chéisme coloniser le christianisme d'Occident ; d'autre part, elle reçoit elle-même
de Byzance, tantôt avec le nestorianisme
exilé, tantôt avec les derniers platoniciens
chassés par l'orthodoxe Justinien, le germe
de la philosophie et des sciences grecques,
qui, stérile sous Alexandre et les Parthes,
fructifiera sous les derniers Chosroès et
s'épanouira plus tard dans la philosophie
arabe. Ce n'est point seulement l'Occident
auquel elle s'ouvre, mais l'extrême-Orient.
La Chine, qui, vers cette époque, atteint
ses frontières extrêmes, devient sa voisine, et les ambassades vont et viennent
de la cour du Roi des Rois, fils de Dieu,
à la cour du Fils du Ciel. L'Inde, qui,
des siècles déjà auparavant, a envoyé ses
missionnaires bouddhistes jusqu'en Bac-

triane et a étendu ses conversions parmi les fils des lieutenants d'Alexandre, donne au plus grand des Sassanides son trésor de contes populaires, qui, traduit en Perse, se répandra de là parmi tous les peuples et dans toutes les langues de l'Occident, alimentera tous nos conteurs du moyen âge, et qui n'a pas encore fini son voyage à travers le monde.

Placé au centre des trois grands empires du temps, Byzance, la Chine et l'Inde, l'empire sassanide sera pendant quatre siècles le point d'échange de l'esprit humain; par lui se fera dans l'humanité un essai d'unité latente. L'Occident, de nos jours, pénètre de nouveau l'Orient, mais c'est pour l'écraser et l'annihiler : il y eut à cette heure unique un équilibre de ces quatre civilisations, si différentes de fond et de forme et si grandes chacune à leur façon; cet équilibre de l'humanité ne se reverra plus.

Cependant cette civilisation brillante s'éteint à son tour. Deux vices la minaient : le despotisme et l'intolérance. Le despotisme est de tradition en Perse : appuyé sur l'hérédité du droit divin, il lui avait assuré, et sous les Achéménides et sous les Sassanides, des siècles de sécurité et de gloire. Mais au despotisme il faut la victoire : les conquêtes démesurées du dernier grand Sassanide, Chosroès Parviz, amènent à leur suite, sous les coups d'Héraclius, des revers inouïs, expiés par la révolte. Pour la première fois depuis Ardechir, l'usurpation brise sur le trône la lignée divine, et quand, après une anarchie épouvantable qui fait passer en trois ans huit fantômes sur le trône, l'ordre se rétablit sous un petit-fils de Chosroès, il est trop tard. Le ressort matériel était brisé par l'anarchie; le ressort moral ne l'était pas moins. La religion de Zoroastre, qui avait été dans les mains des premiers Sassanides un si puissant instrument de guerre et de politique, avait usé sa force au service de l'État. Œuvre d'un clergé fermé, très haute dans sa morale, très raffinée dans ses dogmes, mais très exigeante dans son culte, c'était une religion faite pour une secte, non pour une nation, et, en poussant à outrance la notion de pureté appliquée au monde de la matière comme à celui de l'esprit, elle avait abouti à une immense casuistique où à chaque mouvement la main de l'homme se heurte à une prohibition. Ce culte, d'importation étrangère après tout, ridicule quand il n'était que prêché, devenait odieux quand il voulait s'imposer. Or, à mesure que la lutte contre Byzance s'acharnait et que le christianisme grandissait à l'intérieur, la religion d'État devenait plus oppressive et prétendait étendre à la communauté laïque des observances de moines. Le niveau de la persécution s'étendit, non pas seulement sur les chrétiens et les juifs, ni sur les sectes religieuses comme celle de Manès, ni sur les sectes socialistes et communistes comme celle de Mazdak, ni sur les libres penseurs et les incrédules comme les Zendik, mais sur les tièdes même et les indifférents : un premier ministre fut mis à mort pour avoir enterré sa femme, au lieu de l'exposer aux bêtes de proie comme le veut *l'Avesta*. De là, en grande partie, la rapidité merveilleuse avec laquelle la Perse, conquise par les Arabes, accueillit l'Islam (1).

1. Voy. à ce sujet les observations de M. de Gobineau dans son *Histoire des Perses*, II, fin.

La conquête et la conversion de la Perse ouvrent la seconde période de l'histoire iranienne. Au point de vue politique, la solution de continuité entre les deux périodes est complète. C'en est fait de l'indépendance iranienne. Par instants sans doute se lèvera quelque dynastie nationale qui se rattachera aux souvenirs et aux droits de la Perse d'avant l'Islam ; mais aucune ne durera bien longtemps. Ce sont des Arabes, des Turcs, des Mongols, des Afghans qui tour à tour ceindront la couronne de Djemchid ; à l'heure présente, c'est une tribu turque ; demain ce seront les Russes. Le changement n'est pas moins profond à l'intérieur qu'à l'extérieur : la vieille religion a été extirpée, elle ne compte plus aujourd'hui que huit mille fidèles, vivant dans les avanies et la misère dans quelques villages du Kirman ; la religion apportée par ces « mangeurs de lézards, » pour qui les grands rois n'avaient pas assez de mépris, a éteint les temples du feu, fait taire le *Zend Avesta* et installé dans les temples une langue étrangère. Si dans le peuple, la langue nationale a subsisté, encore a-t-elle reçu, elle aussi, les marques de l'esclavage et renouvelé son lexique en l'honneur de la langue de ses conquérants. Pourtant, si l'on regarde de près on voit que l'élément national a disparu de la surface plus que du fond et que la Perse, en acceptant l'étranger, l'a transformé plus qu'elle ne se transformait elle-même, qu'elle a adapté sa vie et sa foi nouvelle aux habitudes et aux traditions héréditaires et que ce n'est pas sans raison que, pour la masse du monde musulman, la Perse est hors l'Islam.

C'est qu'en effet l'Islam de la Perse n'est point l'Islam : c'est la vieille religion de la Perse, encadrée de formules musulmanes ; non point la religion sacerdotale, œuvre artificielle qui n'avait jamais parlé à la conscience du peuple, mais la religion populaire et vivante, qui n'avait de commun avec celle-là que le fond primitif sur lequel l'une et l'autre s'étaient développées. Aussi, dans l'anarchie de la Perse moderne, l'évolution religieuse est le seul fil conducteur qui permette de suivre l'esprit national, et, pour vous donner une idée approchée de la vie iranienne dans la seconde période, il est plus simple et plus sûr de partir du dedans que du dehors, et de l'histoire de la pensée que de la succession incohérente des révolutions politiques.

La Perse, au lendemain de sa défaite, s'était convertie en masse pour des raisons très diverses et qui se réduisent à deux : l'une, c'est que l'Islam était la religion des maîtres; l'autre, c'est que la Perse tenait

peu à l'ancienne religion d'État. D'ailleurs
les deux religions avaient assez de points
de contact pour que le passage de l'une à
l'autre n'offrît point à des convictions si
ébranlées des difficultés bien sérieuses, ni
dans le dogme, ni dans le culte, ni dans
la mythologie. Le vieux polythéisme aryen
était déjà arrivé dans le mazdéisme aussi
près que possible du dogme sémitique, et
Allah n'était qu'un Ormazd qui tenait plus
à distance ses créatures. Le culte arabe,
dans sa simplicité élémentaire, était une
délivrance en regard du rituel mazdéen,
et, à un point de vue plus élevé, les pra-
tiques de charité recommandées par l'*A-
vesta* trouvaient, pour les consciences dé-
licates, plus qu'un équivalent dans la dîme
des pauvres imposée par le Coran. Dans
la mythologie arabe, les Persans retrou-
vaient bien des choses qu'ils connaissaient
déjà, toutes ces légendes sur la fin du
monde, sur le paradis et l'enfer, que Mahomet leur avait empruntées tantôt directe-
ment, tantôt sans le savoir, par l'intermé-
diaire des mythologies juive et chrétienne.

Des trois éléments de la religion, c'est la mythologie qui est le plus résistant, le plus vivace, le seul auquel un peuple ne renonce point, même quand il croit se convertir : la Perse transporta en masse sa mythologie dans la religion nouvelle. Mahomet hérita de Zoroastre; Deddjal et l'Antéchrist héritèrent d'Ahriman et du serpent Zohâk; Saochyant, le fils encore à naître du Prophète, qui doit à la fin des temps inaugurer le règne de la vie éternelle, revint faire ses promesses aux hommes sous le nom arabe de *Mahdi* (1). Tout ce peuple de génies et de démons, de djinns, de divs, de péris, qui animaient les eaux, les monts et les déserts, continuèrent à régner en paix dans leur empire comme si rien ne s'était passé dans les temples. Pour la masse du peuple il n'y eut rien de changé, ni dans le ciel, ni sur la terre, ni dans l'enfer; il n'y eut que deux noms nouveaux à apprendre, Allah

1. Voir *Le Mahdi depuis les origines de l'Islam jusqu'à nos jours*, vol. XLIII de la Bibliothèque orientale elzévirienne.

et Mahomet, et les huit paroles du crédo
musulman à substituer aux vingt et une
paroles de l'*Honover*.

La réaction alla plus loin encore et
les principes de théologie politique qui
avaient dominé la Perse ancienne revin-
rent, presque au lendemain de la ruine
nationale, affirmer leur empire. Dans la
théorie perse, le pouvoir appartenait au
roi, fils de Dieu, investi par son origine
supra-terrestre de la gloire divine, du
Farri Yazdan. A la faveur des révolutions
politiques, la Perse reporta sur la tête de
l'Arabe Ali, l'héritier légitime de Mahomet,
exclu du khalifat, toutes les splendeurs et
les saintetés de la vieille royauté nationale.
Celui qu'elle appelait autrefois dans ses
protocoles *shâh bagî minocitr*, « le roi
divin, fils du ciel, » et dans ses livres
sacrés *Ahu ratuca*, « le Seigneur et Guide, »

seigneur dans l'ordre du monde, guide dans l'ordre de l'esprit, elle l'appela à présent d'un mot arabe, *Imâm*, « le chef, » le titre le plus simple qu'il fût possible d'imaginer et en même temps le plus auguste, car toutes les souverainetés du monde et de l'esprit y étaient contenues. En regard des khalifes, élevés par la clameur aveugle des masses, par l'intrigue et le crime, elle éleva le droit héréditaire de l'imâm Ali, infaillible et sacré de Dieu. A sa mort, elle se pressa autour de ses deux fils, Hassan et Hussein, puis de leurs descendants : Hussein avait épousé une fille du dernier roi sassanide, de sorte que l'imâmat était fixé dans son sang par double droit divin, et l'union de la Perse ancienne et de l'islamisme à la façon persane se trouva scellée dans le sang de Hussein aux plaines de Kerbéla.

La révolution qui renversa les usurpateurs Oméiades au profit des Abbassides, neveux du Prophète, est l'œuvre de la Perse : si elle ne fait pas arriver au pouvoir la famille favorite, pour qui elle a cru combattre, elle fait du moins triompher son principe. Un instant, sous Mamoun, c'est le représentant même du principe qui semble près de triompher par l'abdication du khalife en faveur d'un héritier d'Ali. Les premiers Abbassides, élevés au trône par la Perse, s'entourent de Persans; leurs premiers ministres, les Barmécides, sont suspects d'être encore de cœur à la religion de Zoroastre. Les jours de Chosroès reviennent : la tradition hellénique, jadis apportée à Ktésiphon par les nestoriens et les néo-platoniciens, se renoue avec éclat après deux siècles d'interruption. La philosophie grecque fait retentir les échos du palais de Bagdad, comme jadis sous Anochirvan ceux du palais de Ktésiphon. Quelque chose paraît qui ressemble à la libre pensée, au goût de la science désintéressée : les religions, les sectes et les systèmes viennent mettre aux prises en controverses courtoises les *motecallemin* par devant le khalife Mamoun. Ainsi commence ce qu'on a bien voulu appeler la philosophie arabe et qu'il vaudrait mieux, selon l'expression de M. Renan (1), appeler gréco-sassanide, car elle n'a d'arabe que la langue, le fond est grec, et ceux qui la mettent en œuvre sont des Persans ou des Syriens reprenant l'impulsion sassanide. Philosophie, histoire, géographie, grammaire, dans tous les genres sauf la poésie, la plupart des grands écrivains de la belle période arabe sont des Persans : les Abbassides sont de véritables Sassanides, de sang arabe.

L'orthodoxie reprend le dessus dans l'État avec les successeurs des Mamoun, qui sentent bien qu'ils n'ont plus de raison d'être dans la doctrine chiite. Mais ce triomphe de l'orthodoxie coïncide avec la dissolution du khalifat, épuisé par son

1. *L'Islamisme et la science*, 1883.

immensité, et, dans l'émiettement de l'empire ; les provinces persanes se séparent et se font des destinées indépendantes, avec les Tahérides, les Saffarides, les Samanides, les Bouides. C'est le réveil du sentiment national. Tous ces fondateurs de dynastie, gouverneurs révoltés ou simples aventuriers, opposent les souvenirs d'avant l'Islam au prestige du khalifat de Bagdad, afin d'être suivis par la nation dans une lutte qui semble sacrilège. Les Samanides, venus d'au delà de l'Oxus, d'origine douteuse, peut-être tartare, se donnent pour les descendants d'un des derniers héros de l'époque sassanide, Behram Tchoubineh, mort en exil chez les Turcs. Les Bouides, simples pêcheurs, qui s'établissent en Médie, pendant que les Samanides s'établissaient en Bactriane et qui, pendant un siècle, tiendront dans leur main, comme maires du palais, les khalifes et le khalifat, se donnent pour descendants directs des Sassanides. La Perse retrouve une littérature après trois siècles de silence.

Les khalifes avaient essayé d'étouffer en

Perse la langue nationale; l'écriture pehlvie avait été proscrite; la langue du Coran,
devenue la langue de l'administration,
était par la force des choses devenue l'or-
gane de la science, de la théologie, de la
poésie, de toute pensée. Avec les dynasties
nationales, le persan remonte des couches
populaires d'où on n'a pu l'extirper et
pénètre la cour et la littérature. Les poètes,
sans doute, tiennent encore à honneur de
manier la langue de Mahomet et le rythme
des poètes du désert; mais ils commencent
à jeter la langue vulgaire dans le moule de
la poésie arabe, et une littérature nationale
se forme à l'ombre de la poésie étrangère,
comme en Europe, quelques siècles plus
tard, se formeront Pétrarque et Dante à
l'appui de la tradition latine. La *qasida*
et le *ghazal* charment sous un déguisement
persan, de leurs mièvreries et de leurs con-
cetti, la cour transoxiane des Samanides.
C'est au nom du troisième d'entre eux.
Nasr, fils d'Ahmed, qu'est attachée cette
renaissance de la poésie nationale : son
favori est le premier en date des poètes

persans, Roudegui, le poëte aveugle de Boukhara (1).

L'école de Roudegui et de ses successeurs n'est persane que par la langue; l'inspiration et les modèles sont arabes. Aussi est-elle rejetée dans l'ombre par une poésie vraiment nationale, de fond comme de forme, qui naît vers la même époque, sous la protection de ces mêmes Samanides : la poésie épique. Il y avait dans la tradition orale, dans les campagnes restées plus fidèles aux souvenirs des vieux temps, une masse de récits et de légendes historiques aussi anciennes que l'Iran et qui suivaient toute son histoire depuis les origines jusqu'aux Sassanides. Déjà les derniers Sassanides, comme par un pressentiment que la fin du drame national approchait, avaient fait recueillir et rédiger dans la langue du temps, le pehlvi, tout ce trésor épique, flottant et dispersé. Puis était venu le grand naufrage et le

1. Voir Barbier de Meynard, *La Poésie de Perse*. (XII⁰ vol. de la Biblioth. elzévirienne.)

livre épique de la Perse avait sombré dans l'oubli. Les dynasties nationales reprirent l'œuvre des derniers Sassanides : l'éphémère maison des Saffarides fit traduire en persan le vieux livre incompris. Les Samanides, qui les renversent, les continuent, appellent le prestige de la poésie au secours de la pensée nationale, et le livre persan commence à recevoir la forme poétique sous la plume d'un poëte guèbre, Daqiqi. Il meurt au début de son œuvre ; les Samanides sont emportés à leur tour par une dynastie nouvelle, fondée par un esclave turc, celle des Ghaznévides : l'œuvre nationale s'achève sous les princes turcs, sous le plus grand d'entre eux, Mahmoud le Ghaznévide, fanatique intolérant, mais doublé d'un politique, qui persécute les Chiites au nom des principes de Bagdad et brise les derniers liens qui relient la Perse à Bagdad ; qui impose le Coran par le glaive, mais chasse l'arabe de l'administration au profit du persan : c'est à sa cour et sur ses ordres que Firdousi écrit le *Livre des Rois* ; l'épopée persane est

fixée, la tradition ancienne est sauvée
définitivement par le génie heureux d'un
poète ; la Perse a repris conscience d'elle-
même.

Par malheur, cette reprise de conscience
n'est pas la reprise de ses destinées. La
mauvaise fortune de la Perse a voulu que
les siècles d'anarchie et d'abandon coïn-
cident avec le grand mouvement qui re-
mue les barbaries de l'Asie centrale et
les jette vers l'Occident. Aussi loin que
sa mémoire remonte, la Perse a eu pour
voisins les terribles nomades du Turkes-
tan ; mais, aux temps anciens, elle avait
pu les contenir derrière l'Oxus, elle avait
pu même franchir la barrière du grand
fleuve et du désert, implanter ses colons
parmi les barbares, y semer des villes, y
allumer ses temples de feu : toute la partie
ancienne de l'épopée chante la lutte triom-

phale d'Iran contre Touran. A présent la
force d'expansion est brisée et c'est le désert qui passe l'Oxus et envahit la Perse.

Pourtant telle était encore la force des
traditions de culture en Perse qu'à trois
reprises elle en impose l'ascendant à ses
conquérants et répare leurs ruines de leurs
propres mains. A trois reprises elle absorbe
ses envahisseurs, trop peu nombreux pour
former autre chose qu'une caste de gou-
vernement, trop bornés pour apporter ou
créer une civilisation à eux, assez politiques pour reconnaître la valeur des traditions de la Perse, ne fût-ce que pour
mieux organiser l'exploitation du vaincu.
Les Seldjoucides du xi⁰ siècle sont des
Turcs ; mais leurs administrateurs sont
des Persans. Ces barbares ont d'ailleurs
l'admiration béate des choses de l'esprit :
le grand seigneur turc, avec des sacs d'or
autour de son sofa, en jette des poignées
aux poètes qui chantent autour de lui.
Sous le troisième Seldjoucide, Melikshah,
les villes se remplissent de mosquées et
de collèges ; ses astronomes devancent de

cinq siècles la réforme du calendrier gré-
gorien ; Omar Kheyyam écrit ses quatrains. A la chute des Seldjoucides, dix
petites dynasties locales, les Atabeks turcs,
un siècle durant, vont se déchirant et déchirant la Perse ; mais çà et là, à la cour
de quelqu'un d'entre eux, une heure de
repos et de paix ramène une oasis de
poésie : Nizami écrit son *Divan* à la cour
des Atabeks de Shirvan et c'est pour celui
de Shiraz que Saadi écrit son *Gulistan*.
L'anarchie prend terme au XIII° siècle à
l'arrivée des Mongols, encore païens, qui
font la paix en faisant le désert ; mais les
Mongols eux-mêmes à leur tour tombent
sous le charme : le féroce Houlagou
fonde l'observatoire de Méraga et fait com-
poser par Nasir-Eddin les *Tables ilkha-
niennes*. Les Mongols se convertissent à
la religion de leurs sujets. Ils passent à
leur tour, épuisés en se civilisant ; une
poussée nouvelle, plus violente, vient re-
prendre l'œuvre de destruction, et la
Transoxiane vomit Tamerlan, qui marque
son passage de l'Oxus à l'Euphrate par

des pyramides de têtes humaines. Son fils, Chah Rokh, essaye de réparer le mal qu'a fait le père, rebâtit Merv et Hérat; un de ses petits-fils donne son nom aux *Tables* d'Olougbeg; un autre, Baisangher, fait faire la première édition critique du *Livre des Rois*. A la cour des sultans de Hérat, autres descendants de Tamerlan, la pensée persane jette un dernier éclat sous les auspices d'un Mécène turc, le vizir Alicher, poëte lui-même et qui forme la poésie turque sur le modèle de la poésie persane. Il a pour ami le dernier grand poëte de la Perse, Djami, le romancier du Soufisme; pour protégés, l'historien Mirkhond et son fils Khondemir, les derniers des grands chroniqueurs; Dawletchah peut écrire la *Biographie des Poëtes :* il n'y en aura plus. C'est l'époque où la renaissance commence en Occident.

Ces trois siècles de domination turque, tartare, mongole, voient se développer en Perse une poésie d'une originalité rare et qui n'a guère ailleurs d'équivalent : c'est la poésie du soufisme, ou du mysticisme persan, succédant à la poésie épique épuisée. A la suite de Firdousi, était venue toute une école épique ; comme chez les Grecs l'*Iliade*, comme chez nous les chansons de gestes primitives, le *Livre des Rois* avait enfanté une légion d'épopées secondaires, de *Nameh*, qui faisaient cycle avec l'épopée principale, qui la complétaient en suivant ses héros et leurs descendants dans le reste de leur histoire. Ce mouvement poétique, d'abord alimenté par la tradition populaire, échoue bientôt dans la fiction pure, à mesure qu'il fallut s'adresser à l'imagination pour renouveler un fonds qui s'épuisait : l'épopée aboutit au roman d'aventures ; avec Nizami, elle devient le cadre de moralités mystiques.

Or tout ce que perd la poésie épique, la poésie mystique le gagne. L'heure le voulait : l'épopée nationale n'avait plus de sens puisqu'il n'y avait plus de nation. Toute la question pour la Perse n'est plus que de savoir si elle obéira à un Turc ou à un Mongol, à la horde du Mouton blanc ou à la horde du Mouton noir. Il n'y a plus de patrie, ni dans le présent, ni dans l'avenir : le rêve national n'est plus qu'un souvenir au lieu d'être une espérance. La poésie, refoulée de la réalité, se réfugie dans l'idéal, idéal trouble et mixte où se glissent bien des éléments de la réalité, mais seulement ses éléments inférieurs, car pour les éléments nobles, il n'y a plus guère place dans le monde réel. De là cette indéfinissable poésie du soufisme qui est, selon l'homme et selon l'heure, tantôt l'effusion d'une piété suprême dont l'orthodoxie n'a pas à s'effaroucher, tantôt l'effort téméraire de l'homme de s'identifier avec Dieu, en s'annihilant en lui, l'extase d'une philosophie souffrante, affolée de l'infini; tantôt le voile transparent d'une incrédulité méprisante qui jette pêle-mêle toutes les formes religieuses, l'Islam compris, aux pieds de la

réalité supérieure ; tantôt l'Évangile d'É-
picure, le cadre mystique de l'amour
humain dans ses formes les moins rele-
vées.

La poésie mystique des autres peuples
n'offre rien d'analogue, pas même chez
les Indous, de qui peut-être la Perse en a
pris le premier modèle à la suite des conquêtes ghaznévides. L'Europe a eu des
poètes mystiques, mais le mysticisme n'y
a jamais été toute la poésie : en Perse,
à partir d'une certaine époque, elle l'a été
et l'est encore. C'est au soufisme qu'appar-
tiennent ses génies poétiques les plus pé-
nétrants : Djelaleddin Roumi, le derviche
d'Iconium, dont le *Mesnevi* est la Bible
du soufisme ; Mohammed Shebisteri, dont
le *Jardin du Mystère* en est le Manuel ;
Saadi, le plus humain et le plus accessible
de tous, plus moraliste que mystique et en
qui la brume du soufisme ne sert qu'à
relever la lumière de la vie d'une pénombre
de mystère ; Hafiz, l'Anacréon, l'Horace
et le Voltaire de la Perse ; enfin, l'un des
premiers en date et le plus grand de tous,

l'algébriste Omar Kheyyam, qui jette dans le moule rigide et éclatant de ses quatrains tous les mépris de la science et de la pensée pour la sottise ou l'hypocrisie humaine. toutes les angoisses du cœur sous le double écrasement de la nature et de l'infini, toutes les révoltes de l'homme contre Dieu.

Cette poésie soufie est la gloire de la Perse, mais aussi le signe de sa déchéance : il lui manque l'accent de la dignité virile. Elle édifie la grandeur métaphysique de l'homme sur son abaissement moral. Le détachement du monde, de si belles formules qu'il s'enveloppe, est frère de l'égoïsme : tous ces détachés résolvent à merveille le problème de vivre, et de vivre longtemps, à travers la Terreur turque ou tartare, inépuisables à trouver les épithètes d'adoration pour leur maître mongol aussi bien que pour le Dieu transcendant. Hafiz, avec un calembour, désarme Tamerlan dans le sac de Shiraz et s'en fait un protecteur. C'est pour cela que le soufisme, avec toutes ses beautés et ses attractions dangereuses, n'a pu s'essayer ni même songer à relever les caractères : c'est la poésie d'une nation qui n'a pas de lendemain à préparer ; elle aide à passer la vie, mais non pas à la vivre.

Après Djami, qui clot la grande poésie mystique comme Nizami avait clos la grande poésie épique, le soufisme devient, comme jadis l'épopée, un genre littéraire : il l'est encore. Comme l'épopée a abouti à l'interminable roman d'aventure, d'une monotonie écœurante, le soufisme aboutit à l'interminable allégorie, d'une onction nauséabonde. Toute la poésie va se jeter dans ce moule, le plus réfractaire à l'inspiration quand il n'est pas manié par un vrai poète : à la fin du siècle dernier paraît, comme un accident rare, un vrai poète, Hatif d'Ispahan, dont la langue claire et la pensée simple détonne dans le jargon à la mode depuis des siècles.

Après les successeurs de Tamerlan, au
xvie siècle, s'était élevée la dernière grande
dynastie de la Perse, celle des Sofis. Les
Sofis descendent ou prétendent descendre
d'Ali : ils intronisent définitivement en
Perse le culte d'Ali et la doctrine chiite.
C'est le signal des grandes guerres entre
la Perse et la Turquie alors à l'apogée.
Aux haines de race et aux rivalités politiques s'ajoute la haine religieuse, le sultan,
héritier du khalifat de Bagdad, étant le
représentant de l'orthodoxie sunnite. La
lutte du sultan et du grand Sofi, qui ramène la Perse vers l'Occident, l'épuise,
et, après le grand règne de Chah Abbas,
elle est mûre pour de nouveaux barbares.
Au commencement du xviiⁱe siècle (1722),
vingt mille Afghans l'envahissent, écrasent
ses armées, la couvrent de ruines et en
sept ans de règne font périr un million
d'hommes. Un aventurier de race turque,
chef de brigands, Nadir Chah, devient le
libérateur et le héros de la Perse, reporte
ses limites de l'Oxus au Tigre et renou-
velle en plein xviiiⁱe siècle, au delà de

l'Indus, les merveilles et les horreurs du Ghaznévide et de Tamerlan. Il rêve un instant de rétablir l'unité du monde musulman en conciliant chiites et sonnites dans une religion plus large de son invention. La Perse retombe avec lui. Deux tribus turques lui donnent des maîtres tour à tour : la tribu des Zends, qui remplit la seconde moitié du xviiie siècle: puis la tribu des Cadjars, qui règne encore aujourd'hui.

La dynastie des Cadjars marque l'entrée en scène sur le terrain de la Perse d'un nouvel hôte à la volonté duquel ses destinées sont désormais attachées, un hôte qui avance toujours et ne recule jamais, la Russie. Dès 1813, pendant que Moscou brûle encore, par la conquête du Daghestan et du Shirvan, elle refoule la Perse au delà du Caucase qu'elle franchit, et se trouve installée sur le sol iranien; quinze ans plus tard, par le traité de Tourcmanshai, c'est le tour de l'Arménie persane; la Russie seule a droit d'avoir des flottes de guerre sur la Caspienne, qui

devient un lac russe. Depuis ce jour,
l'ambassadeur du tsar à Téhéran joue le
rôle d'un résident anglais chez un rajah
indien. La conquête de Kars, à l'ouest, en
1878, celle de Merv, à l'est, l'an dernier,
enserrant la Perse à droite et à gauche,
rendent inutile une annexion en règle ;
toute la question est de savoir si le Sud,
plus accessible à l'Angleterre et sur lequel
elle a déjà mis la main à plusieurs reprises,
suivra le Nord ou tombera sous une autre
vassalité, et si l'on reverra de nos jours
la vieille division de Médie et de Perse.
Quoi qu'il en soit, entre les convoitises
continues de la Russie et les convoitises
intermittentes de l'Angleterre, le rôle politique de l'Iran est fini.

La renaissance politique des Sofis n'avait pas amené une renaissance de la pensée. Ce siècle-ci, qui marque la fin de la Perse, a eu son réveil : un réveil littéraire et un réveil religieux. Les cérémonies funèbres par lesquelles la Perse célèbre chaque année depuis des siècles la date fatale du 10 moharrem, où le fils d'Ali expira à Kerbéla, ont amené la création d'un théâtre populaire, incomparable par la puissance qu'il exerce sur l'imagination nationale. Comme la tragédie sortit en Grèce du dithyrambe chanté en l'honneur de Dionysos, comme le mystère sortit chez nous au moyen âge des représentations religieuses où se jouait la Passion du Christ, ainsi en est-il en Perse de nos jours même. Le mystère n'a pas encore abouti au drame et au théâtre laïque, mais il a déjà donné une poésie sincère, une poésie dramatique et humaine, qui vaut toute la rhétorique des poètes de cour.

En même temps se produisait une tentative de rénovation religieuse, celle du Babisme. La Perse, démoralisée depuis des

siècles par dix conquêtes étrangères, par
le joug d'une religion composite à laquelle
elle croit juste assez pour persécuter, par
l'énervement d'une philosophie mystique
qui désabuse de l'action et enlève tout but
à la vie, la Perse a fait il y a quarante ans
un effort inattendu pour se refaire un idéal
viril. Le Babisme a peu d'originalité dans
ses dogmes et sa mythologie; sa doctrine
métaphysique sort du soufisme et des
vieilles sectes alides formées autour du
dogme de l'incarnation divine; mais sa morale est une révolution : c'est la morale de
l'Occident. Il supprime les impuretés lé-
gales, cette grande barrière de séparation
entre l'Islam et le monde chrétien; il supprime la polygamie, la grande source de
la dégradation orientale; il reconstitue la
famille, et il relève l'homme en relevant la
femme à son niveau. Le Babisme, répandu
en moins de cinq années d'un bout de la
Perse à l'autre, noyé en 1852 dans le sang
des martyrs, se recueille et se propage en
silence. Si la Perse peut encore être régé-
nérée, c'est par là qu'elle le sera.

Cet aperçu bien incomplet de la longue histoire de la civilisation persane a pu du moins vous donner une idée de l'intérêt qu'elle offre dans l'histoire générale de la civilisation. De toutes les nations de l'Asie, la Perse est celle qui a le plus à apprendre à l'historien, parce qu'à chacune des périodes de son histoire elle a vécu en contact avec quelque grande civilisation à qui elle a emprunté ou prêté et sur qui elle nous renseigne ou qui nous renseigne sur elle. Tour à tour intimement mêlée par son histoire à l'Inde primitive; à l'Assyrie, à Suze, à Babylone; à la Lydie, la Grèce et l'Égypte; à Rome et Byzance; aux Arabes, aux Turcs, aux Mongols; tour à tour rejetée vers l'Occident et vers l'Orient, elle a été le carrefour des races, des religions et des civilisations. Il n'est point jusqu'à la Chine qui n'ait laissé sur elle son empreinte.

Vous pouvez imaginer d'ici quelle variété de sujets d'études s'offre à vous, qu'il s'agisse non seulement de l'histoire propre, mais des langues, des religions, de la littérature ou de l'art. La linguistique vous offrira un des plus magnifiques champs d'études que présente la philologie aryenne; car une série de documents authentiques vous permettra de suivre la langue parlée depuis Cyrus jusqu'à nos jours, en passant par le perse des Achéménides, le pehlvi des Sassanides, le persan de la Perse moderne; vous aurez à rechercher les rapports de parenté qui unissent cette langue de la Perse à celle de la Médie, la langue du *Zend Avesta*, et plus au loin avec la famille arménienne d'une part, la famille indienne de l'autre. Vous aurez à appliquer cette linguistique dans le déchiffrement des documents anciens, inscriptions perses, inscriptions pehlvies, *Zend Avesta*, médailles et cachets sassanides.

La religion vous mettra en rapport avec toutes les grandes religions connues. Vous aurez à reconstituer, par la comparaison avec l'Inde et le védisme, le fond primitif des croyances iraniennes; à voir ce qu'il est devenu en Perse et en Médie et par quelles transformations il a pris la forme dualiste; quelle action il a pu subir du polythéisme sémitique de Babylone; quelles actions et quelles réactions ont pu s'exercer entre lui et le judaïsme biblique au temps de Cyrus ou le judaïsme rabbinique au temps des Sassanides; ce qu'il a prêté au christianisme naissant et aux gnostiques du premier siècle et ce qu'il en a reçu à son tour; ce qu'il a laissé pénétrer en lui d'éléments grecs et de philosophie alexandrine. Vous aurez à faire l'histoire de la bible iranienne et de la casuistique parsie et à suivre le développement moderne du mazdéisme chez les Guèbres exilés aux Indes pour cause de religion. Vous aurez à voir ce qu'il y a sous la conversion de la Perse à l'Islam, ce qu'elle a pris de la nouvelle religion et ce qu'elle a gardé de l'ancienne; à analyser les composés nouveaux qui se sont formés et les sectes sorties de la décomposition de tant de détritus religieux. La littérature enfin, malgré les immenses lacunes de la période antique, vous offrira cependant encore un champ immense, soit que vous vous attachiez à la littérature religieuse de la Perse ancienne et des Parsis modernes, ou à l'épopée, ou à la poésie lyrique, ou à la littérature historique. Je ne parle pas de vingt questions secondaires qui, en réalité, ne sont secondaires que par la pauvreté présente des documents, non par leur importance propre; celles, par exemple, que soulève l'histoire de l'art en Perse; dans l'architecture, empruntant à-l'Assyrie, à la Grèce, à l'Égypte, à Rome, et prêtant à son tour à Byzance et aux Arabes, créant l'art arabe; dans la peinture, oscillant entre Byzance et la Chine; dans la céramique, élève des Chinois.

Dans ce vaste ensemble, nous choisirons, pour inaugurer ce cours, l'histoire de l'épopée persane. Ce sujet a l'avantage à la fois d'être exactement limité et, appartenant par le fond à la période ancienne, par la forme à la période moderne, de faire ressortir mieux que tout autre la continuité du génie persan sur toute la durée de son développement. D'autre part, il touche à tant de points de l'histoire religieuse, politique, linguistique même de la Perse ancienne, qu'il vous fournira l'occasion de vous arrêter sur quelques-unes des principales époques de son histoire et de sa civilisation.

Il ne me reste qu'à vous remercier de l'attention que vous avez bien voulu me prêter et à solliciter toute votre indulgence pour m'aider dans une tâche dont nul moins que moi n'ignore les difficultés et les périls.

ANGERS, IMP. BURDIN ET Cie, RUE GARNIER, 4